www.ingramcontent.com/pod-product-compliance
Lightning Source LLC
Chambersburg PA
CBHW082328220526
45470CB00008B/2441
* 9 7 8 1 9 7 9 5 0 4 4 7 8 *